HISTORIQUE DE LA GUERRE

Prix : 0 fr. 25

Fascicule n° 2

PAR

Ferdinand BAUDOUIN

Ancien Officier de Réserve
de paix à Ruffec, Maire de Couture-d'Argenson (2-Sèvres)
Officier de l'Instruction Publique

HISTORIQUE
DE
LA GUERRE

PAR

Ferdinand BAUDOUIN

*Ancien Officier de réserve,
Juge de Paix à Ruffec, Maire de Couture-d'Argenson,
Officier de l'Instruction Publique.*

DEUXIÈME PARTIE

L'Ambassadeur d'Autriche quitte Paris.
La France et l'Angleterre déclarent la guerre à l'Autriche.
Bataille d'Haelen.
Bataille de Dinant.
La flotte Franco-Anglaise de la Méditerranée coule le croiseur
  « Zenta » devant Antivari.
La mort du pape Pie X.
Les Français reprennent Mulhouse et s'emparent de 24 canons.
Les Allemands entrent à Bruxelles et poursuivent leur marche
  sur Gand.
Bataille de Charleroi ; charge admirable des turcos.

NIORT
IMPRIMERIE TH. MARTIN
24, rue Saint-Symphorien
—
1914

HISTORIQUE DE LA GUERRE

10 AOUT 1914

L'ambassadeur d'Autriche quitte Paris
Les Français se retranchent au sud de Mulhouse

Nouvelles diverses publiées par les journaux

Le gouvernement belge a donné l'ordre aux Compagnies de chemin de fer de se mettre à la disposition des autorités militaires françaises, qui pourront réquisitionner dans les mêmes conditions que le gouvernement belge.

L'empereur d'Allemagne serait arrivé à Aix-la-Chapelle.

L'Allemagne concentre en ce moment, dans la mer Baltique, une flotte de 12 cuirassés type ancien, plusieurs croiseurs et 25 torpilleurs. Ils achèvent leur mobilisation.

A la date du 8 août, une armée russe forte de 500.000 hommes, avec 700 pièces de canon, se trouvait sur la frontière allemande, prête à avancer.

Un journal de Paris, l'*Echo de Paris*, annonce que l'armée française serait entrée à Colmar.

Les Serbes pénètrent profondément en Bosnie.

L'état de siège a été proclamé en Suisse, l'élite et la landwer sont mobilisées.

La neutralité du Danemark a été proclamée.

Depuis le 7 août, les troupes françaises entrent en Belgique afin de garantir ce pays de l'invasion allemande.

Il se confirme que les Allemands, qui ont envahi la Belgique, manquent de vivres. Des patrouilles isolées se rendent pour obtenir des aliments.

A Liége, les troupes françaises auraient remplacé les troupes belges dans la ligne de feu, les troupes françaises sont également à Huy et Namur.

La flotte française de la Méditerranée recherche la flotte autrichienne composée de 13 navires de guerre et de 15 torpilleurs. La flotte autrichienne essaie de secourir les croiseurs allemands *Gœben* et *Breslau* qui seraient poursuivis.

Le 7 août les Anglais se sont emparés du Togoland allemand.

La flotte portugaise va coopérer avec la flotte anglo-française.

Les Monténégrins ont occupé Spizza et la côte jusqu'à Eudna; en Bosnie, ils ont occupé Plévic.

Le colonel Marchand a été réintégré avec son grade dans l'armée.

M. Schneider offre au gouvernement 26 batteries d'artillerie, canon de 105, qui avaient été commandés par une puissance étrangère, et le personnel pour les mener au feu.

Dépêches officielles

Les morts et les blessés

Pour ne pas fournir à l'ennemi la plus légère indication sur le mouvement de nos troupes, le gouvernement a interdit la publication du chiffre de nos pertes en tués et blessés, les noms de ces victimes de la guerre et le lieu et le jour où ils sont tombés.

Néanmoins, désireux de renseigner les familles de nos soldats, le ministère de la guerre a ouvert à la caserne de Panthemont, rue de Bellechasse, à Paris, un bureau où on les renseignera. Les seuls renseignements communiqués seront ceux-ci : Le soldat X... est mort au champ d'honneur, ou bien blessé, ou bien ne figure pas sur les listes de tués et de blessés.

La défense de Liége

Le temps d'arrêt marqué devant Liége par les Allemands est évidemment destiné à attendre les renforts avec lesquels ils espèrent pouvoir contourner la place, notamment du côté de Huy.

Les efforts des assaillants pour réduire les ouvrages défensifs de Liége indiquent un grand désarroi moral.

Les Allemands gardent aujourd'hui une attitude d'attente hors de portée des forts.

Le moral des troupes belges est excellent.

En Belgique

Notre cavalerie procède à des reconnaissances dans l'Eiffeld, tandis que devant Liége les troupes allemandes cherchent à se refaire.

En Alsace

Devant la forêt de Hardt, au nord de Mulhouse, on signale de nombreuses escarmouches. Les deux partis en présence se renforcent dans la Haute-Alsace, tandis que nos troupes se saisissent des cols des Vosges.

Après de vifs combats, on annonce quelques engagements d'avant-garde entre Sarrebourg et Baccarat, qui semblent indiquer la prise de contact de nos troupes de couverture avec l'ennemi.

Nos pertes dans l'affaire d'Altkirch, qui nous a ouvert la route de Mulhouse, ne dépassent pas 100 tués ou blessés.

Occupation du Togo allemand par les forces françaises et anglaises

Un télégramme du gouverneur général de l'Afrique occidentale française a rendu compte au ministre des Colonies des conditions dans lesquelles la coopération d'un croiseur anglais et de la garnison française de Grand-Popo (Dahomey) vient d'assurer la prise de possession du Togo allemand.

Le croiseur anglais arrivé devant Lorné, à l'ouest de la colonne allemande, a sommé la ville de se rendre dans les vingt-quatre heures et a reçu sa soumission en même temps.

La garnison française de Grand-Popo a franchi la frontière et s'est établie à Petit-Popo, à l'est de la colonne allemande. Des mesures seront prises d'accord entre les autorités anglaises et françaises pour assurer l'occupation totale du Togo

La médaille militaire conférée au Roi des Belges

Par décret du 9 août, le Président de la République a conféré la médaille militaire au roi des Belges, commandant en chef des armées de la vaillante petite nation amie.

Belgique

L'armée de campagne belge se trouve dans une situation excellente. Le Roi a passé ce matin la revue des brigades qui ont participé à la défense de Liége. La division de cavalerie a fait une bonne besogne. L'intervention anglaise est en très bonne voie. Elle sera très énergique.

On a appris avec satisfaction la confirmation de la prise de Mulhouse.

Les Français ont constaté chez l'ennemi les mêmes défaillances constatées par les Belges. Les forts de Liége tiennent toujours. Le bombardement est très intermittent. Les Allemands manquent de projectiles.

On signale dans le sud de la province de Namur la capture par les gendarmes belges de uhlans qui ont été conduits à Givet.

Les drapeaux français et anglais flottent depuis ce matin à l'Hôtel de Ville de Bruxelles, à côté des couleurs belges

En Grèce

La mission française et plus de 200 Français sont partis ce soir; de nombreux fonctionnaires grecs les ont accompagnés à bord, tandis que la population du Pirée, massée sur les quais, chantait la *Marseillaise* et l'hymne grec, donnant à cette manifestation chaleureuse un caractère politique.

Sur la frontière d'Alsace

Aucun changement important n'est signalé sur la frontière d'Alsace.

La Suisse reste neutre

Le Gouvernement fédéral suisse a fait savoir au gouvernement français qu'en vue de maintenir la neutralité suisse, il interdit aux aérostats et appareils d'aviation de l'étranger de survoler sur le territoire suisse. Tous les moyens seraient, le cas échéant, employés pour s'opposer à leur passage.

---

11 AOUT 1914

Rencontre d'avant-postes en Lorraine et en Belgique

Nouvelles diverses publiées par les journaux

Les Allemands ont cessé leur mouvement en avant sur l'Ourthe, et ils se replient sur leurs réserves.

Les Français auraient, paraît-il, remporté un succès à Marbehan (Luxembourg belge), à moitié chemin de Arlon à Neufchâteau.

Les Allemands ont construit, dans la gare de Luxembourg, 400 mètres de quais en bois pour le débarquement des chevaux et des canons. Ils se dirigent sur Esch-sur-Alzette. Ils ont rasé le village de Mol.

Les Russes ont pénétré en Autriche par la vallée de Styr.

Les relations sont très tendues entre l'Italie et l'Autriche, le bombardement d'Antivari est une des causes.

La Bulgarie prépare activement la guerre contre la Serbie.

Un espion allemand a été fusillé à Tours.

Les troupes du général d'Amade se seraient concentrées en arrière de Mulhouse

Dépêches officielles

En Alsace

La nuit dernière, devant des forces allemandes considérables débouchant de Mulheim et Neufbrisach, le commandant des troupes françaises a rassemblé au sud de Mulhouse les avant-gardes poussées jusqu'à Cernay. Actions de détail très brillantes pour nos troupes, qui restent maîtresses de la Haute-Alsace.

On signale une incursion de l'ennemi dans les régions de Manonvilliers et de Spincourt complètement repoussée. Dans tous les engagements, nos différentes armes se sont montrées bien supérieures aux troupes adverses.

On annonce le débarquement de troupes allemandes à Gerolstein, dans l'Eiffeld, mais surtout en arrière de Metz et Thionville.

Nos aviateurs ont opéré de brillantes reconnaissances au-dessus des zones des départements ennemis.

En Belgique

Aucune autre action que quelques rencontres de reconnaissance vers la vallée de l'Ourthe.

Rupture entre la France et l'Autriche-Hongrie

A la suite d'échanges de vues tant à Paris qu'à Vienne, spécialement au cours de ces trois dernières journées, le Gouvernement français, en raison de la situation internationale, et vu l'insuffisance des explications fournies par le gouvernement austro-hongrois, au sujet de l'envoi de troupes autrichiennes en Allemagne, a fait connaître à l'ambassadeur d'Autriche-Hongrie qu'il se voyait dans l'obligation de rappeler en France notre ambassadeur.

L'ambassadeur d'Autriche a immédiatement demandé ses passeports. Il a quitté Paris hier soir, à 7 h. 15.

Sur le front
Il n'y a eu aucun mouvement pendant la nuit.

Atrocités allemandes
Dès le début des hostilités, les Allemands semblent prendre à tâche de se rendre odieux à notre population des campagnes. Le fait suivant s'ajoute aux atrocités que nous avons déjà racontées: Samedi matin, 8 août, à la pointe du jour, deux uhlans en reconnaissance le long de la frontière française pénètrent dans le petit village d'Afleuville et en sont chassés par une patrouille de trois chasseurs à cheval. L'un des uhlans est blessé, l'autre parvient à s'enfuir. Le lendemain dimanche, dans la matinée, un peloton de trente-deux hommes vient tirer vengeance de l'incident de la veille.

Ils mettent le feu à une ferme et tuent le fermier qui essaie d'arrêter l'incendie. Courageusement, le garde-champêtre intervient pour expliquer que le petit combat de samedi a été livré exclusivement par deux militaires. Les Allemands soutiennent, contre toute évidence, que des civils y ont pris part.

L'après-midi, un escadron de uhlans revient, à l'heure des vêpres où tous les habitants d'Afleuville sont réunis en prière dans l'église. Les uhlans enduisent toutes les maisons de pétrole, qui flambent un quart d'heure après. Les populations, terrifiées, s'enfuient de toutes parts, sans avoir le temps d'emporter ni argent ni vêtements.

On est sans nouvelles du curé. Les habitants d'Afleuville ont été recueillis à Etain, puis dirigés sur Verdun.

Manifestation en faveur de l'Italie
Une manifestation enthousiaste en faveur de l'Italie a eu lieu à Nancy et dans plusieurs autres villes.

Au Maroc
Lorsque la nouvelle est parvenue au Maroc que la guerre était déclarée entre la France et l'Allemagne, les

grands caïds et la population, notamment dans les pays de plaine et dans le Sud, sont venus protester de leur dévouement auprès des autorités françaises.

A Anvers

L'enthousiasme patriotique est considérable. Les Allemands qui, jusque-là, y avaient occupé commercialement une situation prépondérante, ont été chassés.

12 AOUT 1914
La France et l'Angleterre déclarent la guerre à l'Autriche
Une grande bataille en perspective

Nouvelles diverses publiées par les journaux

Les relations diplomatiques sont rompues avec l'Autriche.

Le correspondant militaire du *Times* estime que 600.000 Allemands sont rassemblés entre Liége et Thionville et qu'une action décisive est sur le point d'être engagée contre le Nord de la France.

On télégraphie de Bruxelles, à 11 h. 45 du matin, que les troupes françaises et belges ont commencé leur mouvement en avant.

Dans la nuit du 9 au 10 août, des forces allemandes considérables, venant de Mulheim et Neufbrisach, ont obligé le commandant des troupes françaises à se retirer au sud de Mulhouse. Nos troupes ont victorieusement repoussé toutes les attaques, elles restent maîtresses de la Haute-Alsace, les Allemands n'ont même pas réoccupé Mulhouse.

Les troupes d'Afrique viennent d'arriver en Haute-Alsace, elles vont bientôt prendre part à l'action.

Le Japon a envoyé un ultimatum à l'Allemagne, sa flotte a pris la mer.

Dépêches officielles.

Sur le front

Nos troupes sont presque sur tout le front en contact avec l'ennemi.

Voici les faits les plus saillants qui se sont déroulés aux avant-postes.

Comme on va le voir, ils sont tout à l'honneur de nos soldats qui font preuve partout d'un courage et d'une ardeur irrésistibles.

A Mangiennes, région de Spincourt, au nord-est de Verdun, les forces allemandes ont attaqué, dans la soirée du 10, les avant-postes français. Ceux-ci se sont initialement replié devant l'effort ennemi, mais bientôt, grâce à l'intervention de notre réserve qui se tenait à proximité, l'offensive a été reprise.

L'ennemi a été refoulé, subissant des pertes considérables.

Une batterie allemande a été détruite par le feu de notre artillerie et nos troupes se sont emparées de trois canons, trois mitrailleuses et deux caissons de munitions.

On signale qu'un régiment de cavalerie a été fortement éprouvé dans la région de Château-Salins.

Vers Moncel, un bataillon et une batterie allemande, venant de Vic, ont tenté d'attaquer nos avant-postes. Ils ont été vigoureusement refoulés avec de grosses pertes.

Dans cette même région, c'est-à-dire entre Château-Salins et Avricourt, le village de la Garde, situé en territoire annexé, a été enlevé à la baïonnette avec un élan admirable.

Les Allemands ne résistent décidément pas à l'arme blanche.

Devant Longwy

Les Allemands se sont présentés à Longwy et ont sommé de se rendre. Le commandant de la place a refusé fièrement.

Longwy n'est pas, à proprement parler, une place **forte**, car elle n'a pas d'ouvrages détachés et ne possède qu'une simple enceinte à la Vauban. Elle date de la deuxième moitié du dix-septième siècle.

Autour de Liége

Aucun incident.

Les troupes ennemies travaillent aux travaux de retranchement.

Les Allemands ont fait sauter la voie ferrée de Liége à Louvain.

Russie

Conformément à la résolution de la Douma, prise dans sa séance du 8 août, le télégramme suivant a été adressé à la Chambre française :

« La Douma russe envoie au Parlement français son salut fraternel en exprimant les sentiments de tout le peuple russe.

« La Douma est assurée que les exploits des armées alliées, soutenues par la puissante Angleterre, ramèneront l'Europe dans la voie de la civilisation et du progrès. »

En Belgique

En Belgique et sur la frontière de Belgique, on a raconté qu'un engagement important aurait eu lieu aux environs de Givet.

Rien n'est moins exact.

Mais ce qui semble avoir donné naissance à ce bruit, c'est que, depuis le début des hostilités, de nombreux cavaliers en patrouille ont été capturés aux abords de la frontière franco-belge, entre Dinant, Rochefort et Givet, et qu'après avoir été dirigés chaque jour sur Mézières, ils ont été transférés, à cause de leur nombre, dans la direction de Reims.

Par contre, en Belgique, un engagement assez sérieux a

eu lieu du côté de Libramont et l'armée belge a, là encore, résisté énergiquement à l'attaque allemande.

Opérations austro-serbes

Les opérations militaires austro-serbes peuvent se résumer ainsi :

Après plusieurs essais infructueux de traverser la frontière nord de la Serbie en sept points différents, les Autrichiens ont abandonné l'offensive, ayant été sérieusement repoussés sur toute la ligne, grâce au tir excellent de l'artillerie serbe, avec l'aide précieuse de l'infanterie.

Les Autrichiens ont subi des pertes énormes dont le nombre n'a pas été rendu public.

Les pertes serbes sont également élevées.

L'objectif principal des généraux autrichiens était de tourner Belgrade et de converger sur la route stratégique de Belgrade à Nich, conduisant dans l'intérieur de la Serbie.

Les Autrichiens ont fait aussi une attaque à Lósnitza sur la frontière bosnique. Là encore ils ont rencontré une partie de l'armée serbe de la Drina et ont subi des pertes énormes.

Malgré toutes ces attaques pas un soldat autrichien vivant n'est passé sur le territoire serbe.

Les opérations militaires futures de la Serbie vont dépendre de celles de la Russie.

13 AOUT 1914

Bataille d'Haelen

Nouvelles diverses publiées par les journaux

On croit que les Allemands cherchent à masser des forces considérables, on dit même un million d'hommes, de Thionville à Liége, pour procéder à une vigoureuse poussée dans le Nord de la France.

Un aéroplane allemand qui survolait Namur a été détruit par les projectiles des forts.

Les croiseurs allemands *Gœben* et *Breslau* se seraient réfugiés dans les Dardanelles où, en vertu du droit international, ils doivent être retenus et désarmés s'ils ne sortent pas dans les vingt-quatre heures.

Les combats ont commencé ce matin sur le front Saint-Troud-Jodoigne, mais la cavalerie allemande n'a pas réussi à s'ouvrir un passage.

Hansi s'est engagé en France comme cycliste militaire.

A Spincourt, nous avons pris aux Allemands 3 canons et 3 mitrailleuses.

La France et l'Angleterre ont déclaré la guerre à l'Autriche, la note a été remise hier à l'ambassadeur d'Autriche à Londres par sir Edward Grey.

5.000 Allemands sont engagés contre les troupes belges à Diest, Haelen et Zellich.

Dépêches officielles

Bombardement de Pont-à-Mousson

Dans les pronostics sur les premières opérations de l'armée allemande, le bombardement de Pont-à-Mousson situé à notre extrême frontière et l'envahissement de la région de Nancy étaient escomptés pour le premier ou le deuxième jour au plus tard de notre mobilisation. Constatons que le seul de ces événements qui se soit réalisé arrive le onzième jour et n'aura pas l'influence démoralisante qu'on lui attribuait de l'autre côté du Rhin.

Pont-à-Mousson a été, en effet, bombardé ce matin à dix heures par une artillerie lourde mise en batterie à une assez longue distance. Une centaine d'obus de gros calibre sont tombés sur la ville, tuant et blessant quelques habitants et démolissant plusieurs maisons.

Aucune action simultanée d'infanterie n'a accompagné cette canonnade. L'effet produit sur la patriotique population de Pont-à-Mousson est nul.

Autour de Liége

Les nouvelles parvenues de Liége et des environs sont bonnes.

Les forts soutiennent toujours la lutte. Aucun d'eux n'est tombé au pouvoir de l'ennemi.

Les troupes belges qui, après avoir défendu la place, s'étaient reformées à l'ouest, ont repris l'offensive.

Landen, qui avait été occupé hier par les Allemands, a été repris après un vif combat.

On rapporte, d'autre part, que des partis belges auraient fait sauter les ponts et détruit les voies ferrées en arrière des troupes allemandes, entravant ainsi leur ravitaillement dans cette région.

Nouvelles d'Espagne

On télégraphie des Canaries que le vapeur français *Le Formosa*, ramenant de Dakar un détachement de troupes, a saisi un radio-télégramme allemand adressé au *Panther* qui lui prescrivait de le capturer.

Le *Formosa* aurait eu le temps de s'échapper avant l'arrivée du bateau de guerre allemand.

A Gibraltar

On télégraphie:

Les Anglais ont arrêté plus de 30 bateaux de toutes nationalités.

Ceux d'entre eux qui sont munis d'appareils de télégraphie sans fil ont reçu l'ordre de les démonter.

En Alsace

Les engagements signalés sur tout le front n'ont été de part et d'autre, jusqu'ici, que des affaires d'avant-postes.

A Altkirch, à Mulhouse, aux cols des Vosges, à Spincourt et à Mangiennes, il n'y a eu que des actions et réactions n'ayant modifié sérieusement, ni dans un sens ni dans l'autre, la position des adversaires.

Sur l'affaire de Mulhouse, en particulier, les bruits les plus excessifs les plus tendancieux même, ont été lancés.

Il a été dit, en France et à l'étranger, que le nombre des tués et blessés dépassait 20.000.

L'origine de ces nouvelles, au moins en ce qui concerne l'étranger, ne saurait être douteuse. Elle est tout simplement allemande. Leur absurdité sera vite jugée quand on saura les effectifs engagés de notre côté, qui sont loin d'atteindre 20.000 hommes.

Les événements se sont, en somme, bornés à ceci: une brigade d'infanterie a été poussée en pointe sur Mulhouse pour y détruire le centre d'informations qui fonctionnait dans cette ville. Cette brigade a été contre-attaquée par tout le corps d'armée badois, XIVe, et une division du XVe corps allemand. Elle s'est retirée, non pas de son propre mouvement ni sous la pression de l'ennemi, mais sur l'ordre du commandant du corps d'armée qui jugeait sa situation périlleuse. Sa mission était d'ailleurs terminée; il n'y avait pas lieu de l'y maintenir.

Toutes les forces allemandes l'ont suivie et sont venues se heurter à notre ligne de résistance principale qui n'a pas été forcée.

Les deux partis en sont restés là.

Nous disposons en Haute-Alsace de forces considérables s'appuyant à la place de Belfort.

Notre situation stratégique demeure la même. Elle est excellente.

Artillerie allemande

Il résulte des engagements qui se sont déroulés jusqu'à présent sur tout le front, que notre artillerie a un avantage marqué sur l'artillerie allemande. A Mangiennes, les trois pièces qui ont été prises par nous avaient été abandonnées par leurs servants, écrasées sous le feu de notre 75.

Les projectiles de l'artillerie lourde allemande se sont, en outre, révélés très peu efficaces.

Les fausses nouvelles allemandes en Suisse

La presse suisse est inondée de fausses nouvelles de source allemande.

Les Français y sont accusés d'avoir empoisonné les sources en Allemagne, d'avoir maltraité les sujets austro-hongrois et italiens, etc.

Les journaux suisses éditent des articles du même genre de divers journaux allemands, ceux-ci font le silence complet sur la résistance de Liége; ils négligent d'ajouter que tous les forts tiennent toujours.

Ils disent que le bateau de plaisance poseur de mines *Kœnigin Luise,* installé dans les eaux anglaises, remplit sa mission; mais ils ne mentionnent pas la destruction de ce bâtiment par un torpilleur anglais.

De même, ils prétendent que des milliers de vieux Alsaciens accourent volontairement sous les drapeaux allemands.

Les journaux austro-hongrois mènent la même campagne de mensonges.

Ils essaient d'impressionner les Roumains, en annonçant que de nombreux sujets roumains ont été maltraités en France.

Ils appellent aux armes contre la Russie la population de l'Ukraine.

Toutes ces fausses nouvelles, dont la plupart se jugent d'elles-mêmes, montrent avec quelle extrême réserve la presse française doit accueillir les informations de ceux des journaux suisses qui s'en font les propagateurs.

Violences allemandes

Dans tous les engagements de cette semaine, les Allemands ont usé de procédés barbares. Des otages ont été fusillés contre tout droit, et des violences ont été exercées sur la population civile.

Des incendies, sous prétexte que la population aurait favorisé la fuite d'un prisonnier, ont été allumés de toutes parts.

Dépêches officielles

Déclaration de la France à l'Autriche-Hongrie

Après avoir déclaré la guerre à la Serbie et pris la première l'initiative des hostilités en Europe, le gouvernement austro-hongrois s'est mis sans aucune provocation du gouvernement de la République française, en état de guerre avec la France.

Après que l'Allemagne eut successivement déclaré la guerre à la Russie et à la France, l'Autriche-Hongrie est intervenue dans ce conflit en déclarant la guerre à la Russie qui combattait déjà aux côtés de la France.

Après de nombreuses informations dignes de foi, l'Autriche-Hongrie a envoyé des troupes sur la frontière allemande dans des conditions qui constituent une menace directe à l'égard de la France.

En présence de cet ensemble de faits, le gouvernement

français se voit obligé de déclarer au gouvernement austro-hongrois qu'il va prendre toutes les mesures qui lui permettront de répondre à ces actes et ces menaces.

L'ambassadeur de France n'étant plus à Vienne, et l'ambassadeur d'Autriche-Hongrie ayant quitté Paris, cette déclaration a été remise hier, 12 août, par Sir Edward Grey, à l'ambassadeur d'Autriche à Londres.

En la remettant sir Edward Grey a dit que la Grande-Bretagne s'y associait et que, en conséquence, l'état de guerre existerait entre l'Angleterre et l'Autriche-Hongrie à partir de minuit.

Toutes ces mesures ont été prises dans le plus parfait accord entre la France et l'Angleterre.

On a les renseignements les plus complets sur le combat important qui a eu lieu dans la région de Diest, entre une division de cavalerie soutenue par de l'infanterie et de l'artillerie, et une division de cavalerie belge soutenue par une brigade mixte.

La lutte, qui a été des plus vives, s'est terminée à l'entier avantage des Belges, qui ne paraissent pas avoir trop souffert, mais les Allemands, après avoir éprouvé des pertes énormes, ont été repoussés vers Hasselt et Saint-Trand.

14 AOUT 1914

Mobilisation italienne

Nouvelles diverses publiées par les journaux

Une nouvelle bien étrange a été communiquée hier à Paris : La Turquie aurait acheté à l'Allemagne les croiseurs *Gœben* et *Breslau* qui, poursuivis par notre flotte, s'étaient réfugiés dans les Dardanelles. On se demande si la Triple-Entente s'accommodera de ce tour de passe-passe.

Les troupes françaises, anglaises et belges sont en contact sur toute la ligne avec les troupes allemandes. Vers Pillon, le 21ᵉ dragons allemand aurait été anéanti.

Les Allemands qui sont enfermés dans Liége ont peur d'être bloqués, aucun des forts n'ayant succombé.

A la frontière russe, les Allemands sont refoulés. L'armée russe a terminé sa concentration et se prépare à l'envahissement ; elle a devant elle neuf corps d'armée allemands, tandis qu'à la frontière française nous allons subir le choc de seize corps d'armée allemands et un corps d'armée autrichien.

Le général Faurie a été rappelé à l'activité par décret ministériel.

L'Italie paraît se disposer à prendre part au conflit européen.

Dépêches officielles

Le 21ᵉ dragons allemand anéanti — Neuf officiers et un millier d'hommes blessés et prisonniers

Le combat qui s'est livré sur l'Othain, le 11 août, s'est poursuivi dans des conditions très brillantes dont il convient de résumer les péripéties.

Le premier acte a été l'attaque de deux bataillons français par des forces allemandes très supérieures en nombre. Les deux bataillons se sont repliés, mais dans la nuit ils ont, avec du renfort, prononcé une contre-attaque extrêmement vigoureuse.

Cette contre-attaque, appuyée par notre artillerie, a obligé les Allemands à une retraite au cours de laquelle ils ont perdu de nombreux morts et blessés.

Nous avons fait de nombreux prisonniers.

C'est au cours de cette contre-attaque que les Allemands ont abandonné une batterie d'artillerie, trois mitrailleuses et plusieurs caissons de munitions.

Notre avantage s'est poursuivi hier.

Une batterie française a surpris le 21e dragons allemand pied à terre. Nos pièces ont immédiatement ouvert le feu et le régiment a été anéanti.

Le résultat de ce double succès a été immédiatement sensible. Non seulement le mouvement en avant des forces allemandes s'est arrêté dans cette région, mais leurs colonnes se sont repliées, suivies de près par les nôtres.

C'est au cours de cette poursuite que nous avons trouvé, dans le village voisin, Pillon et autres localités, de nombreux blessés allemands atteints dans le combat de la veille.

Neuf officiers et un millier d'hommes blessés ou prisonniers sont restés dans nos mains.

Succès de la cavalerie belge

Il se confirme que la cavalerie belge a obtenu à Duit un succès brillant, les Allemands ont été repoussés. Ils ont subi des pertes sérieuses.

Raid brillant d'un avion français

Un avion français, en reconnaissance en Lorraine, a été poursuivi par deux avions allemands, les appareils étaient plus forts et plus rapides que l'avion français ; ils étaient montés par trois personnes munies d'armes à répétition.

L'aviateur a pu échapper à cette poursuite et rentrer dans nos lignes. Il n'a pas été blessé.

Succès français à la crête des Vosges

Parmi les divers engagements qu'on vient de signaler, tout spécialement ceux par lesquels nos troupes se sont emparées de la crête des Vosges et se sont maintenues sur ces positions depuis deux jours, malgré les contre-attaques des Allemands vigoureusement conduites au col du Bonhomme, au col de Sainte-Marie, au col de Saal, nos troupes ont repoussé tous les efforts de l'ennemi, supérieur en nombre.

Au col de Saal, les Allemands ont mis en ligne, à côté de leurs troupes exténuées, des formations de réserve. Ces formations n'ont pas tenu et ont été obligées de se replier et finalement de mettre bas les armes.

Une section entière s'est rendue avec ses mitrailleuses. Nous tenons dans la vallée de la Bruche.

Mesures de rigueur contre les Allemands en Alsace

Au cours des dernières opérations, on a surpris en flagrant délit d'espionnage plusieurs personnes.

Les coupables ont été traduits en conseil de guerre.

Plusieurs d'entre eux, entre autres le maire et le receveur des postes de Saale, ont été fusillés.

Echec français

Deux bataillons qui s'étaient emparés du village de la Garde en ont été chassés par une contre-attaque allemande très supérieure en nombre. Ils ont été rejetés sur Xures.

Les prisonniers allemands

De Liége, l'armée belge a fait plus de 2.000 prisonniers allemands. En raison de l'exiguïté de son territoire, le Gouvernement belge a demandé au Gouvernement français d'assurer leur internement.

D'autre part, sur les divers points de notre frontière, les troupes de couverture ont fait plus de 1.500 prisonniers.

Le premier officier décoré

Le général Joffre, commandant en chef, en vertu des pouvoirs que lui a conférés le ministre de la guerre (décision du 8 août 1914) a nommé chevalier de la Légion d'honneur le lieutenant de dragons Bruyant ; cet officier, dit le texte de la nomination, accompagné de sept cavaliers, n'a pas hésité à charger un peloton de uhlans, il a tué de sa main l'officier ennemi et mis en déroute le peloton en lui infligeant des pertes sérieuses.

La première médaille militaire

Le général en chef a conféré la médaille militaire au brigadier de dragons Estaffier, pour avoir chargé avec la plus grande bravoure et avoir reçu plusieurs blessures.

Petites escarmouches

Aucun fait saillant ne s'est produit hier. Quelques escarmouches de patrouilles et des engagements d'avant-postes ont seulement eu lieu à Chambrey, notamment deux compagnies du 18ᵉ régiment d'infanterie bavaroise ont été surprises par nos troupes et refoulées vigoureusement en laissant un grand nombre de morts et de blessés.

Atrocités allemandes

A la bataille de Liége, des soldats allemands ont tiré sur un médecin belge qui, avec ses deux fils, relevait des blessés.

Ils ont tiré sur un convoi de voitures d'ambulance passant à proximité.

Ces détails ont été fournis à la *Gazette de Lausanne* par des Bernois dignes de foi qui avaient assisté à la bataille.

Patrouilles allemandes en Suisse

On mande de Berne que, depuis le début des hostilités, de nombreuses patrouilles allemandes, dont une commandée par un officier, ont fui devant nos troupes et se sont réfugiées en territoire suisse, où elles ont été internées.

Par contre, aucun soldat français n'a franchi la frontière suisse.

Paiement des loyers

Le ministre du commerce vient de faire signer un décret modifiant le paiement des loyers de Paris et en province dans les conditions ci-après :

Est ajourné le payement des loyers arrivant à échéance en août et septembre, quand il s'agira d'un loyer inférieur à 1.000 francs à Paris ou 600 francs dans les villes de 100.000 habitants et au-dessus, 300 francs dans les communes de 15.000 habitants et au-dessus et 100 francs dans les autres.

Le Conseil examinera avant l'échéance du 15 octobre, la situation des familles qui payent un loyer plus important et dont le chef ou les enfants sont partis aux armées.

Le général French en France

Le général French, commandant en chef de l'armée anglaise d'opération, est depuis ce matin au quartier général français, avant de rejoindre son poste de commandement dans le Nord de la France.

Il a tenu à saluer le Président de la République et le Président du Conseil. Il arrivera à Paris demain et y séjournera quelques heures.

15 AOUT

Nouvelles diverses publiées par les journaux

Des forces françaises importantes pénètrent en Belgique et se portent dans la direction de Gembloux.

On annonce sous toutes réserves que le Japon aurait déclaré la guerre à l'Allemagne.

La Triple-Entente demande des explications à la Turquie relativement aux deux croiseurs allemands entrés dans les Dardanelles. La Turquie mobilise.

Au cours des opérations de guerre, les Belges ont fait 2.000 prisonniers, ils demandent au Gouvernement français d'assurer leur internement.

Dépêches officielles

Le succès de Saales

La ville et le col de Saales sont maintenant occupés par les troupes françaises qui, hier, avaient occupé le plateau voisin. L'artillerie a pris à revers les positions allemandes et son feu a grandement facilité la tâche de notre infanterie, qui a eu quelques blessés, mais pas un tué. Nous avons trouvé à Saales des monceaux d'effets d'équipement abandonnés, ce qui indique une vraie débandade.

Succès belge dans la région de Hasselt

Les troupes allemandes battues avant-hier à Diest et qui se sont retirées sur Hasselt, ont été éprouvées. Elles ont essayé de reprendre l'offensive. Sur le flanc sud des Belges, la division de cavalerie allemande chargée de cette opération a été repoussée. Dans la soirée, une colonne d'infanterie allemande s'est mise en mouvement dans la direction de Visé, Tongres. Aucun engagement nouveau n'a été signalé.

La guerre aérienne

Les avions français viennent d'obtenir plusieurs succès, dont l'un particulièrement brillant : Dans la région de la Wœvre, un avion allemand s'est aventuré au-dessus de nos troupes, à environ 1.000 mètres ; le tir a aussitôt commencé et bientôt il a porté. L'appareil, atteint dans son moteur, a commencé à s'incliner ; on a vu les pilotes essayer de le relever, ils n'y ont pas réussi et ont dû atterrir : c'étaient deux officiers, qui ont été faits prisonniers.

Arrivée du général French

Le général French, commandant du corps expéditionnaire anglais, arrivera demain samedi, à midi 28, à la gare du Nord. Il se rendra directement à l'ambassade d'Angleterre. A 16 heures, le général French rendra visite au Président de la République, au Président du Conseil, aux Ministres de la Guerre et des Affaires étrangères.

Bulletin des armées de la République

Le Gouvernement a décidé la création d'un Bulletin militaire quotidien, qui sera distribué gratuitement aux troupes par les soins du ministre de la guerre. Ce Bulletin ne sera pas mis en vente à Paris ni dans les départements. Il est exclusivement réservé aux soldats, qu'il mettra au courant des opérations de guerre en reproduisant, chaque jour, les communiqués à la presse. Sous ce rapport, il ne contiendra aucune information supplémentaire, mais il donnera aux troupes des nouvelles de l'intérieur qui leur manquent, et sera le lien indispensable entre la Nation entière et ses défenseurs. Dans une lettre au président du Conseil, M. Messimy, ministre de la guerre, définit le but de l'œuvre entreprise: « Je veux, dit-il, que par les informations de ce Bulletin, ils puissent constamment mesurer l'importance de leurs efforts individuels dans l'effort national et que cette pensée crée parmi eux une généreuse émulation. Je veux que par lui ils apprennent de quels soins la Nation entoure les parents, les femmes, les enfants qu'ils ont laissés derrière eux, au foyer. Ils se consacreront ainsi avec plus d'abnégation encore si c'est possible à leur grande tâche, tâche glorieuse s'il en fût jamais, où le sacrifice doit avoir pour prix l'indépendance de la Patrie et la grandeur de la France dans le triomphe du droit et de la liberté. » Il demande ensuite au président du Conseil la permission de placer sous son haut patronage ce Bulletin, qui va porter à nos armées la voix de la France.

Réponse du président du Conseil au ministre de la Guerre: « Mon cher ami, je vous remercie d'avoir placé sous mon patronage le *Bulletin militaire des armées de la République*. Ce sera l'honneur de ma vie d'avoir pu, en vous répondant, communiquer à travers l'espace avec cette jeunesse glorieuse qui, à l'appel de la Patrie, s'est dressée frémissante et prête aux suprêmes combats. L'œuvre que vous fondez est noble; elle est utile. Ainsi, pendant que tous nos enfants, debouts à la frontière et demain au-delà de la frontière offriront au Pays le rempart mouvant de leurs poitrines, ils seront, par un lien visible, rattachés à la Patrie. Ils sauront l'admiration que soulève partout leur héroïsme et que la mère, la femme, la fiancée, la sœur, jettent vers eux leurs regards enflammés. Ils sauront ce que la Nation attend de leurs muscles et de leurs cerveaux, de leurs intelligences et de leurs cœurs. Ils recevront les nouvelles intérieures et apprendront que, grâce à eux, la vie nationale n'est pas suspendue. Ils apprendront que le Pays, calme et confiant, attend leur retour pour les bénir et les acclamer.

« Ah! jeunes gens et vous, mes enfants, confondus dans la grande foule en armes, têtes blondes et brunes, retournez-vous vers le passé; vous y lirez dans l'Histoire le rôle de la France émancipatrice que la haine des barbares poursuit parce qu'elle incarne le droit éternel. Tournez-vous vers l'avenir, vous y verrez l'Europe affranchie de la plus abjecte tyrannie, la paix assurée, la résurrection du travail dans le bonheur et dans l'amour. Allez au combat, le plus humble d'entre vous est utile à la Patrie. Depuis le général en chef, dont le merveilleux sang-froid fait l'admiration du monde, jusqu'au dernier d'entre vous, chacun a un rôle indispensable. La gloire est pour tous; Sa lumière éclaire tous les fronts. En avant! enfants de la Patrie. Vous êtes le droit, vous êtes le nombre, vous êtes la force; demain, vous serez la victoire. Et quand vous nous reviendrez, après vous avoir serré dans nos bras, par le sillage que votre héroïsme nous aura ouvert, nous irons dans un pèlerinage pieux bénir les tombes profanées où les mânes des héros de 1870 ont attendu si longtemps avec le tendre embrassement de la Patrie le réveil terrible de sa justice. — René VIVIANI, président du Conseil des Ministres. »

Pour les engagés volontaires

Le Ministre de la Guerre est actuellement saisi d'innombrables demandes d'engagements volontaires pour la durée de la guerre. L'Administration centrale n'étant pas qualifiée pour recevoir les engagements volontaires, les demandes dont il s'agit ne peuvent être prises en considération. En conséquence, les candidats à l'engagement sont informés qu'ils doivent s'adresser directement à leur Commandant de recrutement.

Entrée de forces françaises en Belgique

Des forces importantes françaises entrent en Belgique par Charleroi et se portent dans la direction de Gembloux.

Succès russes

Dans le combat de Sokal la cavalerie russe a débusqué d'une position fortifiée les régiments du 5ᵉ lanciers, du 5ᵉ hussards, une partie du 15ᵉ dragons et deux bataillons du 55ᵉ d'infanterie. Les soldats de la Landsturm qui descendaient la forêt de Sokal ont pris la fuite sans attendre l'issue du combat.

Les troupes russes continuent la poursuite de l'ennemi.

Le même jour, les Russes, tout en maintenant le contact avec les Autrichiens, ont anéanti à Biguet le 11ᵉ régiment de lanciers.

Entre Sboraz et Simagovka, la cavalerie russe ayant constaté un mouvement de six compagnies et de deux escadrons autrichiens les a attaqués immédiatement et a sabré une compagnie du 35ᵉ régiment de la Landwher.

Les tentatives autrichiennes faites pour se rapprocher du camp russe au sud de Sboraz ont été repoussées par l'artillerie russe qui a causé à l'ennemi des pertes importantes.

Les forts de Liége résistent toujours

Les forts belges ne sont pas prêts à se rendre. On a répandu la nouvelle que les forts de Liége s'étaient rendus. L'état-major belge fait annoncer que ces bruits doivent être considérés comme tendancieux et faux. Le moral des troupes et des habitants, au contraire, demeure excellent; les Belges sachant que la France a répondu à l'appel du gouvernement royal.

La Banque de France

Contrairement à certains bruits répandus, la Banque de France n'a jamais cessé ses opérations d'escompte, ni à Paris ni dans aucun établissement en province. Les instructions qui viennent d'être données prescrivent, au contraire, de continuer, sur justifications et contre garanties statutaires, tous escomptes susceptibles de faciliter le fonctionnement des industries et commerce intéressant la défense nationale, le ravitaillement des populations ou le fonctionnement des usines et ateliers continuant à occuper un personnel d'ouvriers.

16 AOUT 1914

Bataille de Dinant

Nouvelles diverses publiées par les journaux

En Italie, les réservistes des deux dernières classes appelées se sont présentés dans les casernes en criant: « A bas l'Autriche! Vive la France! » On se demande si le gouvernement italien, malgré sa ferme volonté de rester neutre, ne sera pas entraîné à la guerre contre l'Autriche.

A Vienne, le prix des denrées s'est considérablement élevé. Les pièces d'or elles-mêmes font prime.

A Berlin, on craint une insurrection. Le député socialiste Liebknect aurait été fusillé.

En présence des agissements de la Turquie et de ses dispositions favorables à l'Allemagne, la Ligue balkanique: Serbie, Monténégro, Bulgarie et Grèce, s'est reconstituée.

En Russie, le tsar a adressé aux Polonais une proclamation annonçant son intention de reconstituer l'ancien royaume de Pologne avec autonomie complète, sous la direction d'un lieutenant-gouverneur nommé par l'Empereur de Russie.

Le transatlantique *La Lorraine* est arrivé hier au Havre, après avoir échappé à trois croiseurs allemands. Il était parti de New-Yorck le 5, avec pleine connaissance du danger qu'il allait courir, et confiant dans la seule force de ses machines.

Cinq millions de recrues russes sont, paraît-il, sur le point d'entrer en campagne. Deux millions sont mobilisés sur la frontière allemande, deux autres millions sur la frontière autrichienne et un million sur la frontière roumaine et bulgare.

Une grande bataille doit avoir lieu en ce moment entre Serbes et Autrichiens dans la région de Lovnitsa.

Les troupes françaises, anglaises et belges sont en contact avec les troupes allemandes et autrichiennes sur un front de 600 kilomètres de Bâle à Maestricht. Aucun engagement important à signaler.

Le général anglais French a quitté Paris ce matin, 16 août, à 7 heures, pour aller prendre le commandement des troupes anglaises.

Dépêches officielles

Les troupes françaises continuent à progresser

Une affaire importante a été engagée dans la région de Blamont, Cirey, Avricourt, où nos troupes avaient devant elles un des corps d'armée bavarois.

Les villages de Blamont, Cirey et les hauteurs au delà ont été brillamment enlevés.

Actuellement, les colonnes allemandes se replient, laissant des morts, des blessés, des prisonniers.

Nos troupes continuent à progresser dans les Hautes-Vosges où les Allemands reculent.

Dans la Haute-Alsace, Thann a été repris par nous. Les prisonniers que nous y avons faits affirment que le général Von Deumlieurg, qui commande le 15ᵉ et avait son quartier général à Thann, aurait été blessé à Sainte-Blaise.

Dans la vallée de la Bruche, un drapeau allemand a été pris.

L'audace de nos avions

Deux avions français, sortis de Verdun, ont, en survolant Metz, jeté deux obus sur les hangars de Frascati, où s'abritent les zeppelins. Après avoir essuyé plus de deux cents coups de canons, nos aviateurs ont pu regagner Verdun sans dommage, après avoir accompli leur mission.

Capture d'un aéroplane allemand

Un nouvel aéroplane allemand a été pris près de Bouillon avec ses deux officiers; le pilote était blessé.

Russie

L'empereur Nicolas a adressé aux populations polonaises de Russie, d'Allemagne, d'Autriche-Hongrie, une proclamation annonçant son intention de restituer à la Pologne son intégrité territoriale.

Les grandes opérations

Opinion française

Au moment où d'un jour à l'autre peut commencer la bataille, l'armée, c'est-à-dire le grand choc qui, de Bâle à Maestricht, va mettre aux prises de formidables masses d'hommes, il importe que l'opinion publique soit fixée sur les conditions dans lesquelles va s'engager et se dérouler cette lutte sans précédent dans l'histoire.

Les écrivains militaires allemands l'avaient prévu et l'état-major ennemi avait décidé une double attaque brusquée, d'une part sur la Belgique et d'autre part sur Nancy.

La première a lamentablement échoué, grâce à l'énergique vaillance des Belges et l'utile intervention de notre cavalerie.

La seconde n'a pas été tentée grâce à la force de notre couverture.

Les Allemands ont ainsi perdu huit jours, pendant lesquels notre mobilisation et notre concentration ont pu s'opérer avec une régularité parfaite, et c'est la totalité de notre armée, qui, aidée de l'armée belge et du corps expéditionnaire anglais, va se trouver aux prises avec l'armée allemande, sur un front de 400 kilomètres, tandis que l'armée russe, dont la mobilisation a été accélérée, envahira la Prusse Orientale.

Aucune des batailles des guerres passées ne peut donner une idée de ce que sera la collision de plusieurs millions d'hommes, sur une ligne d'une pareille étendue.

Aussi doit-on s'attendre à ce que la bataille se développe pendant plusieurs jours, une semaine peut-être et plus, et qu'elle présentera de nombreuses péripéties avant qu'un résultat décisif soit obtenu.

Le pays dans sa sagesse et sa clairvoyance ne s'attachera donc pas aux nouvelles de détail, bonnes ou mauvaises, qui parviendront des différents points de ce front immense, il suivra avec sang-froid les phases du grand choc qui désormais ne doit pas tarder et on attendra avec confiance des résultats décisifs.

Gros succès à Dinant

Les Allemands ont attaqué Dinant.

Leurs forces comprenaient la division de cavalerie de la garde, la 5e division de cavalerie avec un appui de plusieurs bataillons d'infanterie et des compagnies de mitrailleuses.

Notre cavalerie les a repoussés en désordre sur la rive droite de la Meuse.

Au cours de cette poursuite, nos cavaliers ont pris plusieurs centaines de chevaux de uhlans. Ces chevaux ont été aussitôt dirigés sur l'arrière pour servir de remonte à notre cavalerie.

L'élan admirable de nos troupes a enthousiasmé les Belges.

Nouveaux succès en avant de Cirey

Par un nouveau bond, nos troupes ont fait reculer le corps bavarois qui déjà hier s'était retiré devant elles.

Les positions que nous occupons sont en avant de la frontière.

Ce que disent les prisonniers allemands

Après le combat de Mongienne et celui de Billon, des prisonniers allemands interrogés ont déclaré que dans ces deux combats la lutte a été des plus chaudes.

Le tir précis et nourri de nos troupes les a complètement démoralisés. Il y a eu dans le 5e chasseurs une véritable panique. Ce bataillon allemand était soutenu par les 7e, 8e et 21e dragons, un groupe d'artillerie et six compagnies de mitrailleuses.

Malgré l'importance de ces forces, le succès a été complet.

Il y avait parmi ces allemands des Polonais qui ont déclaré avoir cherché à se faire faire prisonniers.

Les réservistes, même non polonais, disent tous qu'ils trouvent la guerre absurde.

Il y a eu dans nombre de villes allemandes des protestations et des émeutes.

Tous se plaignent d'être très mal nourris.

Les unités traînent à leur suite de nombreux éclopés.

Aveu de lieutenant allemand

Dans le carnet de notes d'un lieutenant allemand, on relève un aveu intéressant:

Il raconte que l'église de Villerapt a été incendiée et que les habitants ont été fusillés. Il ajoute que la raison donnée fut que des observateurs étaient réfugiés dans la cour de l'église et que des coups de fusil avaient été tirés des maisons sur les Allemands.

Mais, cela dit, il ajoute sur son carnet que cela n'est pas vrai et que ceux qui ont tiré étaient non des habitants mais des douaniers et des forestiers.

En Haute-Alsace

Notre situation s'affermit en Haute-Alsace.

Nos troupes tiennent fortement le pied des Vosges.

Notre situation est excellente.

Conseil des ministres

Les ministres de la Défense nationale se sont réunis ce matin en conseil à l'Elysée, sous la présidence de M. Raymond Poincaré. M. Messimy, ministre de la Guerre, a fait part des opérations militaires en cours, qui se poursuivent avec le plus grand succès pour nos armes.

M. Noulens, ministre des finances, a indiqué qu'il avait pris les mesures nécessaires pour que les plus grandes facilités soient accordées aux commerçants et aux industriels.

Navires allemands dans les Dardannelles

Le *Goeben* et le *Breslau* se trouvent toujours dans les Dardannelles, surveillés de près par les bâtiments anglais.

Nos aviateurs à Metz

Le lieutenant Césari et le caporal Prudhommeau, seuls à bord de leurs avions, sont partis vendredi, à 17 h. 30, avec mission de reconnaître et de détruire si possible le hangar à dirigeables de Frascati, à Metz.

Les deux aviateurs sont arrivés au-dessus de la ligne des forts, le lieutenant à 2.700 mètres d'altitude et le caporal à 2.200 mètres.

Une cannonade ininterrompue les a accueillis. Entourés d'une nuée d'éclatements de projectiles, ils ont maintenu leur direction. Un peu avant d'arriver sur le champ de manœuvre, le moteur du lieutenant a cessé de fonctionner. L'aviateur, ne voulant pas tomber sans avoir rempli sa mission, se mit en vol plané, et c'est en vol plané qu'il lança son projectile avec un merveilleux sang-froid. Peu après, le moteur a repris.

Le caporal, de son côté, avait lancé son projectile, il ne put, pas plus que le lieutenant, observer exactement parmi la fumée des projectiles ennemis le point de chute, mais il croit avoir atteint le but.

L'artillerie allemande continuait à faire rage. Il en fut ainsi pendant dix kilomètres. Plusieurs centaines de projectiles furent tirés sur les deux aviateurs qui sont entrés sains et saufs.

Ils ont été cités à l'ordre du jour de l'armée.

Crimes allemands dans la Haute-Alsace

On signale que dans les villages de la Haute-Alsace qu'ils évacuent, les Allemands se sont livrés à des actes de sauvagerie inouïs. Nos troupes ont trouvé les maisons incendiées.

Les cadavres des habitants fusillés encombrent les rues. C'est le cas notamment à Dannemarie.

Le succès de Blamont-Cirey

L'affaire de Blamont-Cirey, signalée dans les renseignements généraux, a été particulièrement brillante.

C'est vendredi soir qu'une de nos divisions a commencé l'attaque.

L'ennemi était fortemeent retranché par des ouvrages de campagne en avant de Blamont. Les avant-postes ont été refoulés et l'attaque s'est arrêtée à la chute du jour.

A l'aube, nous avons repris l'offensive.

Une action d'infanterie, soutenue par l'artillerie, a enlevé dans la matinée Blamont et Cirey. Les forces allemandes, évaluées à un corps d'armée bavarois, ont alors occupé les hauteurs qui dominent au nord ces deux localités, mais les troupes françaises ont décidé un double mouvement débordant qui a déterminé le fort bavarois à ramener ses colonnes en arrière dans la direction de Sarrebourg.

L'affaire a été chaude et bien conduite et les Allemands ont subi des pertes sérieuses, aussi bien dans la défense des hauteurs.

Le moral de nos troupes est excellent.

On signale spécialement l'énergie de nos blessés.

Nombreux prisonniers allemands

Au cours de la journée de vendredi, nos troupes ont occupé l'important massif de Donon où elles ont fait un très grand nombre de prisonniers allemands.

Le nombre en dépasse cinq cents.

Pour empêcher le chômage

Le gouvernement se préoccupe d'empêcher le chômage en prenant toutes mesures utiles pour faciliter aux commerçants et industriels le paiement des salaires et l'acquisition des marchandises en matières premières, double condition nécessaire pour assurer la reprise des affaires.

---

17 AOUT

La flotte franco-anglaise de la Méditerranée coule le croiseur autrichien Zenta devant Antivari

Nouvelles diverses publiées par les journaux

Le corps d'armée bavarois qui devait s'emparer de Lunéville et Nancy a été culbuté et rejeté en dehors de notre frontière.

La bataille de Dinant a été un véritable succès pour notre armée, les Allemands ont été rejetés de l'autre côté de la Meuse.

Le 15 août, un aéroplane allemand a jeté trois bombes sur différents points de la ville de Namur sans causer de dommages appréciables.

Le ministre de la guerre du Canada fait connaître aux Anglais que 100.000 hommes sont enrôlés pour la guerre.

Deux navires anglais ont détruit la station de télégraphie sans fil de Dar-As-Salam (Afrique Orientale). Après avoir débarqué des troupes, ils anéantirent le poste Marconi, et, sur plusieurs navires allemands qui se trouvaient en rade, détruisirent les appareils de télégraphie et rendirent les machines inutilisables.

A Paris, le drapeau pris au 132e régiment d'infanterie bavaroise est exposé au ministère de la guerre, puis sera transporté aux Invalides. Des félicitations sont adressées au 10e chasseurs qui s'en est emparé.

Dépêches officielles

Russie

En Russie, au moment où le gros des forces allemandes vient se heurter aux nôtres, d'autres assaillants vont obliger l'Allemagne et l'Autriche à engager une nouvelle lutte qui semble devoir prendre de suite de sérieuses proportions.

On sait que les Allemands escomptaient une défaite française décisive et rapidement menée leur permettant de se retourner ensuite contre nos alliés.

On sait aussi qu'il comptaient sur la lenteur de la mobilisation russe et sur les émeutes en Pologne pour en avoir le temps.

Or, le tsar vient de s'acquérir l'entière fidélité de celle-ci en promettant de la reconstituer autonome dans ses limites d'autrefois.

Quant à la mobilisation, elle s'est accomplie avec une rapidité remarquable et l'armée russe, maintenant prête, s'ébranle pour une offensive dont les résultats ne tarderont pas à se faire sentir.

Déjà, en Galicie, la cavalerie russe a franchi la frontière par le haut Bug et le haut Styr.

Les détachements autrichiens de cavalerie et quelques bataillons d'infanterie ont été bousculés.

Les bataillons de Landsturm ont lâché pied. Plus à l'Est, un détachement autrichien qui avait pénétré au sud de Tarnopole, a été culbuté.

L'offensive contre l'Allemagne est entamée en même temps, bien que les Allemands aient fiévreusement travaillé depuis un an à renforcer leurs places de la Vistule et notamment Grodens et Thann, on ne saurait envisager leur situation sur le front Est comme favorable.

Ils ont dû, en effet, faire appel à de très nombreuses formations de réserve pour étayer leurs 5 corps d'armée actifs laissés sur ce front.

Il est douteux que ces troupes, même appuyées aux places, puissent résister à l'attaque russe aussi longtemps que les Allemands l'avaient espéré.

Les opérations du 16 août

Le mouvement en avant s'est développé sur le front de Réchicourt jusqu'à Sainte-Marie-aux-Mines et dans la région de Grande Blaise.

Les troupes françaises qui ont occupé le Donon avant-hier se sont portées en avant dans la vallée de Schirmeck. Notamment leurs progrès ont été extrêmement rapides. Nous avons fait mille prisonniers en plus des cinq cents d'avant-hier.

De nombreux convois d'équipement ont été abandonnés par l'ennemi. Dans cette région, comme à Sainte-Marie, nous avons pris des canons de gros calibre, des canons de campagne et des caissons.

Dans la région Blamont-Cirey, nous nous sommes heurtés jusqu'à la hauteur de Lorquin en enlevant le convoi d'une division allemande de cavalerie comprenant 19 camions ou automobiles. Enfin, sur la Meuse, à Dinant, nous avons repoussé l'attaque de deux divisions de cavalerie allemande qui ont été poursuivies par notre cavalerie sur la rive droite de la Meuse.

Le moral des troupes est excellent, malgré les pertes subies dans les divers engagements. Nos officiers ont la plus grande peine à retenir leurs hommes.

Gros succès français à Dinant

Les Allemands ont attaqué Dinant. Leurs forces comprenaient la division de la garde et la première division de cavalerie avec un appui d'infanterie de plusieurs bataillons et des compagnies de mitrailleuses.

Quand ces forces se sont trouvées sur la rive gauche, les forces françaises les ont attaquées.

Cette attaque, menée avec un brio magnifique, a bientôt amené les Allemands à reculer en grand désordre et à repasser la Meuse.

Beaucoup d'entre eux n'ayant pu regagner le pont sont tombés dans la Meuse dont les rives sont escarpées et le courant assez fort.

Il y eut de nombreux noyés. Profitant de ce désordre, un de nos régiments de chasseurs à cheval a passé la rivière à la suite des Allemands et les a poursuivis sur un parcours de plusieurs kilomètres.

On a vu ce régiment mettre en fuite et pousser devant lui des forces de cavalerie très supérieures en nombre.

Japon

Par l'intermédiaire de son ambassadeur à Berlin, le gouvernement japonais a fait remettre au gouvernement allemand un ultimatum qui a été également communiqué à l'ambassadeur d'Allemagne à Tokio.

Dans l'après-midi d'hier, le gouvernement japonais denande au gouvernement allemand:

1° De retirer des eaux japonaises et chinoises ses bâtiments de guerre ou de les désarmer;

2° D'évacuer dans le délai d'un mois les territoires du protectorat de Kiao-Tchéou.

Le gouvernement japonais se réserve de restituer éventuellement ces territoires à la Chine.

Dans la déclaration qui accompagne cet ultimatum, le gouvernement japonais insiste sur la nécessité de respecter les intérêts en vue desquels fut conclue l'alliance anglo-japonaise, ainsi que sur son désir d'éviter toute cause de trouble dans la mer du Nord Extrême-Orient.

Avant d'agir, le Japon a réglé son attitude de concert avec l'Angleterre.

Sur le front

Notre progression a continué de se développer. Nos troupes ont enlevé les hauteurs au Nord de la frontière. Leurs lignes par Abarchwillier, Lerquin, Ascedauge, Narsel.

Dans la région du Donon, nous occupons Schirmeck, 12 kilomètres en avant de Saale.

Le nombre de canons de campagne pris par nous sur ce point est non pas de quatre, comme il a été dit hier, mais de douze, en plus de douze caissons et de huit mitrailleuses.

Notre cavalerie a poussé jusqu'à Ladsezac et Muhlbach. Plus au Sud, nous avons occupé la ville à l'Est du col S'urdis, sur la route de Schlestard à Sainte-Croix.

Au Préou, il a été pris de l'artillerie lourde de campagne.

En Alsace, nous sommes fortement appuyés à la ligne Thann, Cematz et Dannemarie.

Le premier drapeau enlevé aux Allemands

Le premier drapeau enlevé aux Allemands a été remis aujourd'hui au ministre de la Guerre.

Au cours des opérations engagées dans la Haute-Alsace, nos troupes ont enlevé un drapeau.

Ce drapeau, qui est celui du 132e d'infanterie, a été pris

à Sainte-Blaise, dans la vallée de la Bruche, par le 10ᵉ bataillon de chasseurs. Il a été apporté à Paris au ministre de la Guerre par le colonel Serres, hier encore notre attaché militaire en Allemagne. Il sera remis ensuite aux Invalides.

Rappelons que c'est le 10ᵉ bataillon de chasseurs qui, à Solférino, a pris un drapeau et a fait décorer le drapeau des chasseurs à pied. Le ministre de la Guerre a adressé immédiatement, par dépêche, ses félicitations aux officiers et aux chasseurs du 10ᵉ bataillon.

Sauvagerie allemande

Il y a encore de nouveaux actes de sauvagerie commis par les troupes allemandes à Blamont, ce village dont les Allemands viennent d'être chassés par nos troupes.

Ils ont, sans aucune raison et sans avoir été provoqués, mis à mort trois personnes dont une jeune fille et un vieillard de 86 ans, M. Barthélemy, ancien maire de Blamont.

---

18 AOUT 1914

Les troupes françaises s'avancent dans la vallée de la Seille
Les Belges résistent victorieusement sur la ligne Driant-Jodoigne

---

Nouvelles diverses publiées par les journaux

L'armée française continue sa marche victorieuse sur le versant oriental des Vosges. Elle a pris Lonquin, Ste-Marie-aux-Mines, et sa cavalerie est allée jusqu'à 20 kilomètres de Strasbourg.

Un croiseur allemand, qui s'était réfugié à Pernambuco (Brésil), a été désarmé.

Le Japon a adressé, le 16 août, à l'Allemagne un ultimatum dans lequel il la somme d'évacuer Kiao-Tchéou (Chine) et de désarmer tous ses bâtiments dans la mer de Chine; il lui donne un délai de 7 jours pour accepter ses propositions. Le délai expire donc le 23.

La Chine, inquiète de l'ultimatum du Japon, se prépare à reprendre par ses propres moyens le territoire de Kiao-Tchéou.

La Turquie, dans une note remise à notre ambassadeur à Constantinople, M. Bompard, exprime ses regrets de l'incident déplorable qui a eu lieu dans les Dardanelles entre le cuirassé allemand *Goeben* et deux paquebots français.

Les forts de Liége tiennent toujours.

Des combats d'avant-garde ont lieu journellement entre les Russes, les Allemands et les Autrichiens; il paraîtrait que l'offensive russe est commencée.

Les Serbes et les Monténégrins combattent victorieusement les Autrichiens.

L'Italie est agitée, elle rappelle ses troupes de terre et de mer d'Albanie. L'ambassadeur d'Italie à Berlin est rentré à Rome.

En Allemagne, la levée en masse de tous les hommes valides de 17 ans à 60 ans vient d'être ordonnée.

Dépêches officielles

Opérations navales

La flotte française coule un croiseur autrichien devant Antivari

Le ministre de la Guerre a rendu compte au Conseil de la Défense nationale de la situation créée par les engagements de ces derniers jours, dans l'ensemble, très heureux pour nos armées.

Le ministre de la Marine a fait connaître que la flotte commandée par l'amiral Boué de Lapeyrère a, devant Antivari, coulé un croiseur autrichien qui tenait le blocus de ce port.

L'opération s'est accomplie sous les yeux des Monténégrins.

[Antivari est un petit port de mer du Monténégro situé sur l'Adriatique, à l'ouest de Scutari. Il a 2.000 habitants et est le siège d'un commerce important d'huiles et de moutons. Les marchandises à destination de Scutari et du Monténégro passent par le port d'Antivari ou par celui de Cattaro (Autriche).]

A Dinant

Ce matin, à Dinant, vers six heures, sept uhlans faisant partie d'une patrouille de dix cavaliers ont été tués. Les autres se sont enfuis du côté de Rochefort.

Chute d'un avion allemand

Un avion allemand est venu dans la matinée faire une reconnaissance au-dessus de Givet.

Des coups de feu ont été tirés et l'avion est tombé à Hastières peu après.

Renseignements généraux

La situation continue à être bonne et notre progression méthodique s'accentue en Haute-Alsace.

Les forces allemandes se retirent en grand désordre, les unes vers le Nord, les autres vers l'Est.

La preuve de ce désordre se trouve dans l'abandon d'un énorme matériel tombé entre nos mains (approvisionnement d'obus, voitures, fourrageries, etc.).

Il se confirme que dans les engagements qui ont eu lieu depuis le début de la campagne, dans cette région, l'ennemi a subi des pertes beaucoup plus élevées que nous ne l'avions cru au premier abord. On s'en rend compte tant dans les cadavres retrouvés que par les témoignages des prisonniers.

Nous progressons également dans les vallées de Sainte-Marie-aux-Mines et de Villé.

Dans la vallée de la Bruche, nous continuons, fortement appuyés sur le Donon, à nous avancer dans la direction de Strasbourg.

Il se confirme que les troupes allemandes rencontrées devant nous dans cette région sont complètement désorganisées sur la ligne Lorquin, Azoudange, Marsal; nos troupes gagnent du terrain.

Nous avons donc sur la ligne frontière, depuis Chandren jusqu'à Belfort, gagné sur l'ennemi une distance qui varie de dix à vingt kilomètres et pris pied fortement en Alsace aussi bien qu'en Lorraine.

Les opérations

Télégramme du général Joffre au Ministre de la Guerre

Le ministre de la Guerre a reçu du commandant en chef le télégramme suivant:

« Grand Quartier général des armées de l'Est,
18 août, 9 h. 15.

« Pendant toute la journée d'hier, nous n'avons cessé de progresser en Haute-Alsace. La retraite de l'ennemi s'effectue de ce côté en désordre. Il abandonne partout des blessés et du matériel. Nous avons conquis la majeure partie des vallées des Vosges sur le versant de l'Alsace d'où nous atteindrons bientôt la plaine.

« Au sud de Sarrebourg, l'ennemi avait organisé une position fortifiée solidement tenue avec de l'artillerie lourde. Les Allemands se sont repliés précipitamment hier.

« Actuellement, notre cavalerie les poursuit.

« Nous avons, d'autre part, occupé toute la région des étangs jusque vers l'ouest de Fenêtrange.

« Nos troupes débouchent de la Seille dont une partie des passages ont été évacués par les Allemands. Notre cavalerie est à Château-Salins.

« Dans toutes les actions engagées au cours de ces dernières journées en Lorraine et en Alsace, les Allemands ont subi des pertes importantes. Notre artillerie a des effets démoralisants et foudroyants pour l'adversaire.

« D'une façon générale, nous avons donc obtenu, au cours des journées précédentes, des succès importants et qui font le plus grand honneur à la troupe dont l'ardeur est incroyable et aux chefs qui la conduisent au combat.

« JOFFRE. »

Présentation du premier drapeau pris aux Allemands au Président de la République

Le ministre de la Guerre a chargé un capitaine de chasseurs à pied de présenter au Président de la République le drapeau qui a été pris au 132ᵉ régiment allemand par le 10ᵉ bataillon.

En recevant le drapeau ennemi, M. Poincaré a dit combien il était heureux, lui, ancien capitaine de chasseurs à pied, que ce fût un bataillon de chasseurs qui eût enlevé le premier drapeau à l'ennemi.

Il a adressé de vives félicitations à tous ses anciens camarades.

Le drapeau a été remis ce matin, à 8 h. 1/2, à une compagnie de la Garde Républicaine, qui l'a porté aux Invalides.

19 AOUT 1914

Les Allemands commencent leur mouvement en Belgique par le passage de contingents considérables entre Liége et Namur

Nouvelles diverses publiées par les journaux

Les troupes françaises continuent leur mouvement en avant sur le versant alsacien des Vosges; notre cavalerie est à Château-Salins.

Dans la matinée du 18, des bombes ont été jetées sur Lunéville par un monoplan allemand, ces bombes sont tombées dans le jardin public, il n'est signalé aucun accident de personne.

Le kronprinz aurait été victime d'un attentat et grièvement blessé; il aurait été transporté à Aix-la-Chapelle.

Les Serbes ont remporté à Chabatz une victoire sur les Autrichiens.

La marche en avant des armées russes a commencé d'une façon générale le 15 août, 17e jour de la mobilisation.

Un télégramme de Rome apprend qu'à la date du 17 août, les troupes autrichiennes ont abandonné Trieste et se sont retirées sur le plateau de Carse; que 20.000 hommes sont à Lubiana et 12.000 à Pola.

Un torpilleur autrichien aurait coulé dans l'Adriatique après avoir heurté une mine sous-marine.

Les gouvernements anglais et japonais se sont entendus sur l'action des Japonais en Extrême-Orient. Les Japonais ne devront agir contre l'Allemagne que dans l'océan Pacifique, pour la protection des lignes de navigation; dans les mers de Chine, seulement en ce qui concerne les eaux asiatiques, mais ils n'engageront aucune action sur aucun territoire étranger en dehors de celui occupé par l'Allemagne sur le continent asiatique.

Notification de cette entente a été faite par l'Angleterre aux Etats-Unis d'Amérique.

Au cours des engagements qui ont eu lieu dans les Vosges, le général Deimling a eu la langue coupée par une balle qui lui a traversé la joue.

Riccioti Garibaldi offre à la France son concours et un corps de 40.000 volontaires italiens; le ministre de la Guerre, tout en refusant momentanément cette offre, a remercié le fils de celui qui, en 1870, était accouru au secours de la France.

Dans notre marche en avant dans la Lorraine annexée, à Schirmeck, sur 3.000 hommes envoyés contre nous par la garnison de Strasbourg, quinze seulement ont été épargnés par le feu des Français; ces renseignements proviennent d'un négociant suisse arrivé à Genève et qui se trouvait à Strasbourg au moment de l'action.

Dépêches officielles

Un aviateur allemand prisonnier près de Dinant

Nos troupes ont abattu un avion allemand.
Le pilote a été tué; l'observateur fait prisonnier.
L'appareil est intact.

Dévoûment récompensé

Le *Journal officiel* publie le décret suivant:

« Est nommé au grade de chevalier dans l'ordre national de la Légion d'honneur, M. Benoist Joseph-Edmond, maire de Badonviller (Meurthe-et-Moselle).

« Conduite héroïque dans l'exercice de ses fonctions, à

la suite des actes de sauvagerie et des meurtres commis par des soldats allemands dans sa commune.

« Sa femme ayant été assassinée et sa maison incendiée, il a, avec un sang-froid et une fermeté admirables, continué à assurer sans défaillance la protection et la sécurité de la population.

« A sauvé, par la suite, la vie d'un prisonnier allemand menacé par la juste colère des habitants, donnant ainsi un magnifique exemple d'énergie et de grandeur d'âme. »

20 AOUT 1914

La mort du pape Pie X

Les Français reprennent Mulhouse et s'emparent de 24 canons

Nouvelles diverses publiées par les journaux

L'armée allemande ayant franchi la Meuse entre Liége et Namur, le siège du gouvernement belge a été transféré à Anvers, où il se trouvera à l'abri de toute surprise, dans une enceinte très fortifiée.

L'armée russe s'avance en Bukovine (Autriche) et menace la ville importante de Czernovitz.

Les troupes françaises paraissant menacer d'investissement la ville de Metz, les Allemands préparent la place en prévision d'un siège; ils y entassent des vivres et font des tranchées autour de la place.

Quelques combats sans importance ont eu lieu dans la mer du Nord entre les flottilles anglaises et des croiseurs allemands en reconnaissance. Aucune perte de part et d'autre.

Le rapatriement des troupes italiennes de Cyrénaïque et de Tripolitaine continue, elles sont concentrées à Cwita-Vecchia.

Des soulèvements, vite réprimés, sont signalés à Prague et à Kramsach (Autriche).

Le *Goeben* et le *Breslau* sont entrés, le 16 août, dans le port de Constantinople. Les équipages allemands ont été remplacés par des équipages ottomans.

Dépêches officielles

Les opérations en Haute-Alsace

Situation sans grand changement en Alsace.

Toutefois, dans la Haute-Alsace, nous avons continué à progresser.

Dans les Vosges, les Allemands ont repris le village de Villé, où nous avions une avant-garde.

Nos troupes débouchent sur la Seille, elles occupent Château-Salins et Dieuze.

Mais la progression est forcément très lente devant les organisations fortifiées et solidement tenues.

A signaler une rencontre de cavalerie, heureuse pour nos armes, à Florenville.

En Belgique

On annonce que des forces allemandes très importantes franchissent la Meuse entre Liége et Namur.

Dernière heure

L'armée française a atteint Morhange.

Nous progressons rapidement dans l'après-midi, au-delà de la Seille, dans la partie centrale.

En fin de journée, nous atteignons Delme, d'un côté, Morhange de l'autre.

Conseil des Ministres de la Défense nationale

Au cours du Conseil des ministres, qui s'est tenu dans l'après-midi, M. Noulens, ministre des finances, a exposé que pour répondre au désir exprimé par le gouvernement, la Banque de France va escompter aussi largement que possible le papier commercial qui lui sera présenté.

Il annonce ensuite que les établissements de crédit effectueront immédiatement un versement supplémentaire de 10 % sur le montant des déposants de toutes catégories qui ont des soldes créditeurs dans ces établissements.

Un nouveau versement sera fait au début du mois de septembre, lors du renouvellement, sur des bases plus larges du moratorium annoncé.

Les ministres de la Guerre et des Travaux Publics ont informé le Conseil que le trafic des marchandises pourrait être repris dès demain, non pas avec l'activité d'une période normale, mais de manière à permettre néanmoins une très sérieuse reprise des affaires.

La situation

Rien de nouveau en Alsace et en Lorraine.

En Belgique

A l'Est de la Meuse, les Allemands ont atteint la ligne Dinant-Neufchâteau.

Des forces importantes ont continué de passer la Meuse entre Liége et Namur. Leurs avant-gardes ont atteint la Dyle.

Devant ce mouvement, l'armée belge a commencé à se retirer dans la direction d'Anvers.

La mort du Pape

Le pape est mort ce matin, à une heure trente-cinq.

En Alsace

Notre situation demeure la même au col des Vosges.

En Haute-Alsace

Nous avons occupé Guebwiller. Après un combat très vif, nous avons enlevé à la baïonnette un des faubourgs de Mulhouse. Six canons et six caissons sont restés entre nos mains. Mulhouse a été réoccupé par nos troupes.

En Lorraine

Notre ligne s'étend de la région au nord de Sarrebourg, en passant par Morhange jusqu'à Delme.

En Luxembourg et en Belgique

Même situation.

Opérations russes

Un combat important a été livré hier. La première division allemande d'infanterie s'est retirée après avoir subi des pertes considérables et en laissant entre les mains des Russes 8 canons et 2 mitrailleuses.

A 100 kilomètres de rayon autour de Varsovie, il n'y a plus aucune cavalerie allemande.

Près de Doubno, frontière de Galicie, plusieurs tentatives de cavalerie autrichienne ont été repoussées. La communication par voie ferrée entre Varsovie et Kielce est rétablie.

En Podolie, à hauteur de Proskoff, une division de cavalerie autrichienne a été repoussée après un combat acharné. L'offensive russe est générale sur toute la ligne.

Banque de France

Le Conseil général de la Banque de France a baissé le taux de l'escompte de 6 à 5 et le taux de l'intérêt de 7 à 6.

21 AOUT 1914

Les Allemands entrent à Bruxelles et poursuivent leur marche sur Gand

Les Français se retirent lentement de la Lorraine et se replient sur leurs positions retranchées

Nouvelles diverses publiées par les journaux

Le pape Pie X est mort à Rome, hier, 20 août, vers 1 h. du matin; depuis quelques jours, son état de santé donnait des inquiétudes à son entourage.

Il résulte de renseignements puisés à bonne source que le corps expéditionnaire anglais débarqué en France et en Belgique atteint 165.000 hommes.

En Belgique, les Allemands s'étendent sur la ligne Dinant-Neufchâteau. Ils continuent de passer la Meuse entre Namur et Liége; des forces importantes se concentrent dans la direction de Bruxelles. L'armée belge se retire sur Anvers, en défendant le terrain pied à pied.

Les Russes continuent leur mouvement régulier de pénétration en Allemagne et en Autriche; le 19 août, une bataille importante a été livrée aux Allemands à Stalluponen (angle nord-est de l'Allemagne), les Russes, victorieux, se sont emparés de 8 canons et 2 mitrailleuses.

Les troupes françaises se maintiennent dans la Haute-Alsace après avoir réoccupé Mulhouse et Guebwiller dans les journées des 19 et 20 août.

Au Maroc, les propriétés des Allemands ont été saisies, ainsi que l'argent qu'ils avaient en banque. Le bruit court qu'un des frères Manesmann aurait été tué par les indigènes qui l'accusaient d'avoir vendu de la farine empoisonnée.

Tous les établissements autrichiens et allemands ont été fermés.

Dépêches officielles

En Alsace

Nos troupes ont remporté un brillant succès, particulièrement entre Mulhouse et Altkirch.

Les Allemands sont en retraite sur le Rhin et ont laissé entre nos mains de nombreux prisonniers.

Vingt-quatre canons ont été pris, dont six au cours de la lutte, par notre infanterie.

En Lorraine

La journée d'hier a été moins heureuse que les précédentes.

Les avant-gardes se sont heurtées à des positions très fortes et ont été ramenées par une contre-attaque sur nos gros qui se sont solidement établis sur la Seille et sur le canal de la Marne au Rhin.

En Belgique

La cavalerie allemande a occupé Bruxelles.

D'importantes colonnes poursuivent leur mouvement de ce côté.

L'armée belge se retire sur Anvers sans avoir été accrochée par l'ennemi.

Sur le front

Des forces allemandes ont continué de passer la Meuse aux environs de Huy et une concentration importante est en voie d'exécution en Belgique.

— 54 —

Il est agréable de constater que ce matin il n'y avait aucun point du territoire français occupé par l'ennemi, sauf une légère enclave à Audun-le-Roman.

Ainsi, le vingtième jour de la mobilisation, en dépit de toutes les assurances allemandes, des écrits de leurs auteurs les plus connus, et de ceux même du grand état-major, non seulement ils n'ont pas encore obtenu les avantages décisifs qu'ils comptaient, mais encore ils n'ont pu porter la guerre sur notre territoire.

Ces avantages, dont il convient, d'ailleurs, de ne pas exagérer outre mesure l'importance, ont néanmoins une valeur morale qu'il est bon de signaler.

La guerre aérienne

Un de nos dirigeables a lancé, la nuit dernière, plusieurs projectiles sur deux campements de cavalerie allemande en Belgique; les projectiles ont porté et une vive agitation s'est manifestée dans les deux campements; les feux ont été immédiatement éteints et de nombreux coups de fusil ont été tirés contre le dirigeable qui est rentré sain et sauf dans nos lignes.

---

22 AOUT 1914

Commencement de la bataille de Charleroi, charge admirable des turcos

---

Nouvelles diverses publiées par les journaux

Les Allemands continuent de passer la Meuse entre Liége et Namur, vers Huy, et de concentrer une quantité importante de troupes ; leurs avant-gardes ont atteint la Dyle.

La cavalerie allemande a occupé Bruxelles hier et coupé les communications entre Bruxelles et Anvers.

En France, Longwy serait investi par les troupes allemandes.

Dans les journées du 20 et du 21 août, le dirigeable *Fleurus* aurait fait sauter la gare de Trèves.

Les bombes jetées par deux aviateurs, dont le capitaine Finck, sur le hangar à dirigeables de Metz, auraient produit leur effet, détruisant un dirigeable et trois monoplans.

L'aviateur Pégoud, avec le lieutenant Monternier comme observateur, aurait lancé des bombes sur deux convois de troupes allemandes qui auraient été endommagés. Ces deux aviateurs sont rentrés sains et saufs, mais l'appareil était percé de 92 trous de balles ou d'éclats d'obus.

Un de nos dirigeables a, dans la nuit du 21 au 22 août, lancé des bombes sur des campements de cavalerie allemande, en Belgique. Les projectiles ont porté.

Notes humoristiques

Avec la finesse et la légèreté qui caractérisent l'esprit allemand le journal satirique berlinois *Ulk* publie la note suivante:

« Nous sommes à même de publier un ordre de mobilisation français.

« Pioupiou est requis de se rendre immédiatement à Paris, son pantalon se trouve tout prêt à Bordeaux, sa tunique est en dépôt à Lyon, son fusil lui sera remis au Havre, le sabre qui se trouve encore chez l'émouleur lui sera expédié plus tard; la chemise est superflue vu la chaleur.

« Dès que Pioupiou sera complètement équipé, il ne lui restera qu'à faire l'achat d'un journal, à y chercher l'endroit où se livre une bataille et à s'y précipiter au pas de course. »

Cette ironie est délicieuse de la part de ceux qui, grâce à leur merveilleuse perspicacité, avaient infailliblement pronostiqué la neutralité bienveillante de l'Angleterre, la passivité amicale de la Belgique, le concours actif de l'Italie, l'écrasement immédiat de la petite Serbie par la puissante Autriche, la marche foudroyante des armées allemandes et l'entrée des Prussiens à Paris pour le 15 août.

Pioupiou français qui, au dire du journal allemand *Ulk*, aurait eu à chercher de tous côtés son pantalon, sa tunique, son fusil, son sabre et sa chemise, savait en tout cas où se trouvait, à date précise, le point de concentration où il devait se rendre et il s'y est rendu.

Il n'était pas dans le cas de ces soldats allemands qui, entre le cinquième et le quinzième jour de la mobilisation, devaient rejoindre leurs corps à Nancy, à Toul, à Verdun, à Châlons ou à Reims.

Dépêches officielles

Les opérations en Alsace et en Lorraine

Nous avons annoncé, hier, d'après des dépêches sommaires, que nos troupes d'Alsace avaient réoccupé Mulhouse et que nos troupes, en Lorraine, s'étaient repliées devant un ennemi supérieur en nombre.

On trouvera ci-dessous des détails sur ces deux séries d'opérations.

En Lorraine, nos troupes se replient. On sait que, après avoir reconquis la frontière, nos troupes s'étaient avancées en Lorraine, sur tout le front, du Donon jusqu'à Château-Salins; elles avaient refoulé de la vallée de la Seille et la région des étangs les troupes allemandes, et nos avant-gardes avaient atteint Delme, Dieuze et Morhange.

Dans la journée d'hier, plusieurs corps d'armée allemands ont engagé une vigoureuse contre-attaque sur tout le front.

Nos avant-gardes s'étant repliées sur le gros, le combat a commencé, extrêmement vif de part et d'autre.

En raison de la supériorité numérique de l'ennemi, nos

troupes, qui se battaient depuis six jours sans interruption, ont été ramenées en arrière.

Notre gauche couvre les ouvrages avancés de Nancy.

Notre droite est solidement installée dans le massif du Donon.

L'importance des forces ennemies engagées ne nous eût permis de nous maintenir en Lorraine qu'au prix d'une imprudence inutile.

Les détails arrivés aujourd'hui sur l'occupation de Mulhouse montrent que nos troupes ont obtenu un gros succès.

L'offensive, d'abord sur le front Thann et Dannemarie, ensuite sur Mulhouse, a été menée avec une extrême vigueur par un mouvement audacieux.

Le général Pau, une fois maître de Thann et de Dannemarie, a porté ses troupes à l'ouest de Mulhouse, laissant à l'ennemi la liberté de s'engager entre nos lignes et la frontière suisse; puis, par un second effort, les Allemands ont été rejetés sur Mulhouse. En même temps que notre droite se portait sur Altkirch, notre gauche s'est avancée dans la direction de Colmar et de Neufbrisach, menaçant la ligne de retraite de l'ennemi.

Les Allemands ont été alors contraints d'accepter le combat, qui a été des plus chauds. Dans un faubourg de Mulhouse, à Dornach, notre infanterie a enlevé, à la baïonnette, vingt-quatre canons et fait plusieurs milliers de prisonniers. La lutte s'est poursuivie dans les rues, de maison en maison. Les pertes allemandes sont énormes.

Continuant son succès, une partie de notre armée a occupé Mulhouse, tandis que tout le reste se rabattait sur Altkirch et forçait les Allemands à se replier vers le Rhin, qu'ils ont passé en désordre.

Ainsi est atteint le but initialement fixé à nos troupes dans la Haute-Alsace: le rejet des forces allemandes sur la rive droite du Rhin.

Le mouvement de retraite de l'armée belge a continué sans incident. Des forces de cavalerie allemande ont traversé Bruxelles, se portant vers l'Ouest; elles ont été suivies par un corps d'armée. La ville a été frappée d'une contribution de guerre de 200 millions.

Namur est partiellement investi, et le feu de l'artillerie lourde a été ouvert vers midi. Le mouvement des colonnes allemandes vers l'Ouest continue sur les deux rives de la Meuse, en dehors du rayon d'action de Namur.

23 AOUT 1914

La grande bataille se continue en Belgique sur la ligne Mons-Namur et à l'est de la Meuse

Nouvelles diverses publiées par les journaux

Les Allemands continuent à avancer en Belgique, il y a tout lieu de croire que leurs avant-gardes de cavalerie ont atteint Gand et se dirigent sur Ostende. En même temps, le mouvement des Allemands vers notre frontière s'accentue sur les deux rives de la Meuse.

M. Malvy a déclaré hier au Conseil des ministres que la grande bataille était engagée.

Sur la frontière de Lorraine, nos troupes qui s'étaient avancées sur Delme, Dieuze et Morhange, se sont repliées devant la supériorité numérique de l'ennemi.

Dans la Haute-Alsace, notre situation n'a pas varié, nous occupons Mulhouse et nous sommes appuyés à la rive gauche du Rhin; c'est le général Pau qui commande notre armée en Haute-Alsace.

Le Japon a la ferme intention de commencer, aujourd'hui

dimanche, 23 août, à 3 heures du soir, les hostilités contre l'Allemagne par le bombardement de Kiao-Tchéou.

La flotte allemande est à l'abri des canons sous les fortications d'Héligoland.

Les Russes continuent leur mouvement en avant dans la Prusse Orientale et dans la Galicie (Autriche).

La flotte française de la Méditerranée aurait, paraît-il, dans une rencontre avec la flotte autrichienne, coulé une des plus belles unités de cette flotte, le cuirassé *Zrinyi*.

En Italie, la mobilisation continue, la population est de plus en plus favorable à une guerre contre l'Autriche.

Les Allemands ayant exigé de la ville de Bruxelles une contribution de guerre de 200 millions, sous menace d'une destruction de la ville, l'Angleterre fait connaître qu'elle fera cette avance à la ville de Bruxelles, avec la ferme intention de se faire rembourser par les Allemands avec intérêts composés.

On reproche aux Allemands de se servir de balles dumdum, contrairement aux conventions établies entre les nations civilisées.

Hier, 22 août, un neveu de l'empereur d'Allemagne, qui dirigeait une reconnaissance, a été fait prisonnier à Harlebèke, près Courtrai, par un détachement de chasseurs à cheval; il se nomme le comte de Schwerin.

Dans la Haute-Alsace

Détails officiels sur les affaires de Mulhouse-Altkirch

Les premiers rapports reçus permettent aujourd'hui d'exposer les phases des opérations en deux actes qui ont eu lieu dans la région de Mulhouse.

Par leurs fluctuations même — occupation, abandon, et réoccupation de Mulhouse — ces opérations qui n'ont, dans l'ensemble de la campagne, qu'un caractère épisodique, permettent de se rendre compte des conditions d'une guerre où deux adversaires égaux par le nombre et la valeur militaire, ayant chacun des facteurs de force et des facteurs de faiblesse, gagnent et perdent successivement du terrain jusqu'au jour où l'un d'eux obtient le résultat décisif qui détermine la suite des événements.

A quelle conception stratégique répondait notre première opération sur Mulhouse? Nous savions par nos reconnaissances aériennes que les Allemands avaient laissé entre la frontière française et Mulhouse des forces relativement peu importantes; que le gros de leurs forces s'était replié sur la rive droite du Rhin. Dans ces conditions, notre objectif était d'attaquer ces forces et de les rejeter en arrière, afin de nous rendre maîtres des ponts du Rhin et de pouvoir y repousser une contre-attaque ennemie, si elle venait à se produire. C'est aux troupes de Belfort qu'échut cette mission. Le 7, elles se mirent en marche, les unes par la trouée de Belfort, large dépression où coulent les affluents du Doubs et ceux de l'Ill, les autres par la vallée de la Thur qui, descendant du Rheinkopf, passe à Thann, où elle se divise en deux branches qui vont se jeter dans l'Ill.

Nos troupes se heurtèrent aux troupes allemandes à Thann et à Altkirch.

Thann s'étend en longueur sur les bords de la Thur. Altkirch est bâtie en amphithéâtre sur la rive droite de l'Ill.

Sur les deux positions, les Allemands avaient installé de l'artillerie derrière des ouvrages de campagne. L'attaque fut tout à fait brillante et vigoureuse de notre part. Les effectifs engagés des deux parts étant sensiblement égaux et les Allemands étant fortifiés, notre succès n'en a que plus de valeur. L'ennemi subit des pertes très importantes. Mais, la nuit venant, notre cavalerie, malgré une active poursuite, dut le laisser se replier. Nous n'avions donc pas réussi à lui couper la retraite et à l'anéantir, ce qui était notre objectif.

Le lendemain 8, dès l'aube, notre progression continua et, cette fois, rencontra devant elle une résistance très sérieuse.

Les troupes allemandes débouchaient de la forêt de Hard, vaste forêt de 30 kilomètres de long, où peut s'abriter tout un corps d'armée. Malgré la résistance, nos troupes eurent le dessus et à la nuit tombante, elles entrèrent dans Mulhouse aux acclamations des Alsaciens. Il y eut là quelques heures d'allégresse, au cours desquelles on oublia peut-être un peu trop que l'on était en pays ennemi. A côté des Alsaciens, qui faisaient fête à nos soldats, il y avait des immigrés qui, dès notre arrivée, s'employèrent à fournir aux troupes allemandes ramenées en arrière des renseignements précis sur notre situation et le chiffre réel de nos effectifs (une brigade environ). Mulhouse, résidence de nombreux fonctionnaires allemands, difficile à défendre contre des troupes venant de l'Est ou du Nord, était relativement facile à reconquérir, en y mettant le prix.

C'est ce que firent les Allemands par une attaque de nuit. Ils s'avancèrent sur la ville, venant d'une part de la forêt de Hard, et d'autre part de Neufbrisach et de Colmar, marchant dans la direction de Cernay pour nous couper la retraite. Cernay est situé sur la Thur, au sud-est de Thann. En restant à Mulhouse avec des forces insuffisantes, nous risquions de perdre notre ligne de retour sur les Hautes-Vosges et sur Belfort. Ordre fut donné de revenir en arrière.

A dire vrai, une autre hypothèse aurait pu être conçue et réalisée. Les éléments que nous avions laissés à Altkirch n'avaient pas été attaqués. Dans ces conditions, il eût été possible de contre-attaquer l'ennemi marchant vers Cernay, en utilisant nos réserves. Pour des causes encore mal connues, cette conception n'a pas prévalu.

Notre gauche étant attaquée vers Cernay par des forces nettement supérieures, notre centre étant attaqué par Mulhouse et notre droite restant inactive, la bataille était mal engagée. Dans ces conditions, la retraite était la solution la plus sage. De cette opération brillante, mais sans lendemain, une conclusion se dégageait: nous avions désormais la certitude que les Allemands n'entendaient pas abandonner sans combat la Haute-Alsace et y disposaient de forces importantes.

Pour atteindre notre but initial, l'opération était à reprendre sur des bases nouvelles et sous une direction nouvelle.

C'est au général Pau que le commandement en a été confié.

Les forces françaises avaient besoin de se refaire et de se remettre en main à l'abri de la position de Belfort.

L'ennemi avait beaucoup souffert du feu de notre artillerie. De notre côté, nous avions été gênés par les obusiers allemands se défilant dans des ravins difficiles à repérer et dont l'efficacité avait été d'ailleurs plus morale que matérielle.

C'est en tenant compte de ces diverses circonstances que le général Pau arrêta son plan d'opérations, après avoir reçu des renforts importants en vue d'une résistance énergique de l'ennemi.

Il s'agissait, cette fois, d'un effort décisif et non plus d'une simple reconnaissance.

Au début, nos forces s'engagèrent sur un front moins étendu que la semaine précédente. Par un premier effort, elles se portèrent sur Thann et Dannemarie. Elles partaient de Belfort et des Vosges, menaçant par conséquent la ligne de retraite allemande. Notre droite s'appuyait au canal du Rhône au Rhin.

Notre action se portait donc en premier lieu sur les forces ennemies à l'ouest de Mulhouse. Liberté était ainsi laissée aux Allemands de s'engager entre nous et la frontière suisse. L'attaque sur Dannemarie et Thann, bien préparée et bien conduite, fut rapide et décisive. Avant d'évacuer Dannemarie, les Allemands brûlèrent la plus grande partie de la ville.

Sur la base de ce premier succès, le général Pau donna l'ordre d'attaquer dans la direction de Mulhouse. Notre gauche s'élevait en même temps dans la direction de Colmar-Neuf-Brisach. Notre droite commençait simultanément à se porter sur Altkirch. Notre gauche et notre droite menaçaient ainsi les lignes de retraite allemandes. C'est dans ces conditions que le combat s'engagea avec une grande vigueur devant Mulhouse. Dans le faubourg de Dornach, quatre batteries allemandes se retiraient. Nos hommes tuent les chevaux à la baïonnette et prennent les 24 canons. La lutte continue dans Mulhouse. Mais déjà l'ennemi est découragé. La ville est occupée par nous. Aussitôt, notre gros se rabat sur Altkirch. Les Allemands, risquant d'être coupés des ponts du Rhin, se retirent en grand désordre. Ils sont vivement poursuivis par nos troupes qui restent maîtresses des débouchés des ponts et qui tiennent la partie supérieure de la Haute-Alsace.

Nos troupes tenant les crêtes et les principales vallées des Vosges sont en bonne position pour poursuivre leur succès dans la direction de Colmar.

Dépêches officielles

Situation militaire en Belgique

La situation reste sensiblement la même.

Le mouvement des forces allemandes continue vers l'ouest, précédées par des forces de cavalerie éclairant dans les directions de Gand d'une part et de la frontière française de l'autre.

L'armée belge est prête dans le camp retranché d'Anvers.

En Lorraine

Dans la Woëvre, la situation n'est pas modifiée.
En Lorraine, l'offensive allemande qui avait répondu à

notre attaque et continué dans la journée d'hier a été arrêtée aujourd'hui.

Il ne s'est produit aucune attaque allemande contre la position désignée sous le nom de Grand Couronné de Nancy.

Des engagements ont eu lieu sur la hauteur au nord de Lunéville.

Il est certain que si nos pertes, au cours de ces trois dernières journées, ont été sérieuses, celles des Allemands l'ont été également.

Un Zeppelin détruit

Le zeppelin n° 8 a été abattu sur la route de Celle à Badonviller.

En Serbie

Après la grande victoire d'hier, l'armée serbe poursuit énergiquement l'ennemi qui n'oppose aucune résistance et qui s'enfuit en toute hâte.

Les pertes des Autrichiens sont considérables.

D'après le récit d'un officier ennemi fait prisonnier, le commandant en chef de la 21e division d'infanterie de landwer a été tué dans le combat.

L'artillerie serbe a coulé, à Ogratina, neuf bateaux ennemis et huit chalands.

L'armée russe remporte une victoire

L'armée russe a remporté de nouveaux succès importants de Guinbinen, sur la ligne Guinbinen-Godalp-Lyck, à 40 kilomètres de la frontière.

Elle a renversé trois corps allemands, capturé de nombreux canons, ainsi que du matériel roulant, fait quantité de prisonniers et s'est emparée de Godalp et de Lyck.

Le 3e fascicule va paraître incessamment.

www.ingramcontent.com/pod-product-compliance
Lightning Source LLC
LaVergne TN
LVHW021725080426
835510LV00010B/1149